Deko kreativ

Ländlich tafeln

BLOOM's by Ulmer

Raus aufs Land

Einfach und schlicht, aber voller Charme. So präsentiert sich die ländliche Lebensart. Blühende Wiesen, grüne Wälder und gelbe Stoppelfelder – der Natur möglichst nahe zu sein, danach sehnen sich immer mehr Menschen. Mit unseren Tischdekoideen im Countrystyle wird jedes Fest zu einem spontanen Ausflug aufs Land. Entführen Sie Ihre Gäste für einige Stunden an traumhafte Landhaustafeln. Sie werden überrascht sein, wie einfach es geht.

Eine sommerliche Girlande aus Gras mit bunten Gartenblumen ist der strahlende Mittelpunkt auf der rustikalen Holztafel. Frisch gepflückt beim Streifzug durch den Bauerngarten werden die Blüten zusammengefasst und in wassergefüllten Reagenzgläsern zwischen das Gras geklemmt. Türkisfarbener Organzastoff setzt einen farbenfrohen Akzent und passt perfekt zum Service.

Der Duft von frisch gemähtem Wiesengras umstreift die Nase und verrät sogleich: Der Sommer ist da! Die Halme werden im Bündel mithilfe grünen Drahts um mannshohe Holzstäbe gewickelt. Einfach in den Boden gesteckt bilden sie ein dekoratives Spalier bei der Ankunft der Gäste. Angeknotete, lange Bänder flattern malerisch im Wind.

Sahneschnitte oder Obsttorte?

Wer die Wahl hat, hat die Qual. Und die ist in diesem Falle süß. Was an Köstlichkeiten im Ofen gezaubert wurde, lesen die Gäste auf einer Banderole aus Transparentpapier, die um eine bunte Pappe gewickelt wurde. Hortensienblüten, Perückenstrauch und Wicken umranken das Schild und sind mit Silberdraht daran befestigt.

Kaffeekarte
Kaffee
Heiße Schokolade
Espresso
***
Zitronenschnitten
Bienenstich
Waldmeistertorte
Pfirsichtorte
Nuss-Sahne-Torte
Schwarzwälder
Kirschtorte
***
Kaffeegebäck

Countryfeeling auf dem Teller – mit ein paar Handgriffen gelingt's! Statt der flatternden Wäsche im Wind hält Großmutters alte Wäscheklammer den Serviettenschmuck. Die Holzklammer wird zusammen mit einer Hortensienblüte und Distel an eine Leinenserviette geklemmt. Wer mag, kann seine Gäste zusätzlich mit einem handgeschriebenen Gruß willkommen heißen.

Carsten

Direkt von der grünen Wiese und vom Feld stammen die Zutaten für die Tischkarte, die jedem Gast verrät, wo er seinen Platz an der Tafel findet. Leuchtendes Türkis akzentuiert das Namensschild aus Pergamentpapier und eine Rapsschote, die mit farbigem Draht umwickelt wird. Ein breiter Grashalm hält alles zusammen.

Blühende Beerenterrine

So kommen alte Schätzchen vom Trödel oder aus Omas Küchenschrank wieder zu Ehren. Denn Rosen, Dahlien und allerlei verschiedene Beeren entfalten ihren Charme in der nostalgischen Suppenschüssel besonders schön. Damit der Tischschmuck richtig üppig wirkt, wird die Porzellanterrine mit Steckschaum gefüllt und die Blüten- und Beerenmischung dicht an dicht hinein gesteckt.

Kaum eine andere Blume passt besser zum aktuellen Countrylook als die Dahlie. Ob in Rot, Lila, Orange oder gar mehrfarbig, ob in Kugel-, Strahlen- oder Pomponform – sie schauen über den Zaun eines jeden Bauerngartens. Die ursprünglich aus Mexiko stammende Blume gilt als robust und macht daher fast jede spätsommerliche Dekoration mit. Manche Sorten haben solch fantastische Blüten, dass oft schon ein einzelnes Exemplar alle Blicke auf sich zieht.

Erinnerungen an Spaziergänge durch mediterrane Olivenhaine werden wach, wenn die vermeintlichen Bäumchen die Gäste zu ihrem Platz führen. Farbig gestrichene Tontöpfe sind dafür mit feuchtem Frischblumensteckschaum gefüllt, ein Olivenzweig eingesteckt und das Namensschild daran befestigt. Schon fühlen sich alle wie im letzten Toskana-Urlaub.

Lena

Dekorieren für alle Sinne: Aromatische Cocktailtomaten verwöhnen den Gaumen und sind noch dazu ein Augenschmaus. Im bemalten und bepflanzten Tontopf verführen sie zu einem kleinen Zwischensnack, falls der Hauptgang mal länger auf sich warten lässt. Wichtig für den Ringellook: Die Farbtöne der Streifen sollten möglichst dicht beieinander liegen.

Die Guten ins Töpfchen

Herrlicher Kräuterduft steigert die Vorfreude auf ein südländisches Mahl und macht neugierig, welche kulinarischen Genüsse die Gäste noch erwarten. Bevor die kleinen Tontöpfe mit Ringeln bemalt werden, müssen die Löcher im Topfboden vorsichtig mit dem Bohrer erweitert werden. Zum Schluss die Servietten einfach durchstecken und mit einen Kräuterzweig dekorieren.

Vom Verlegenheitsgeschenk zum absoluten Eyecatcher verwandelt sich ein edler Tropfen, wenn er mit Fantasie und Kreativität verpackt wird. Wer zum mediterranen Abend geladen ist, wickelt die Flasche mit Geschenkband in grünen Bastelfilz und bindet ein duftendes Kräuterkränzchen daran. Ein Lorbeerblatt an einem Holzspieß setzt zusätzlich einen dekorativen Akzent.

DOCG
LITRI
0.750

Verwechslung ausgeschlossen. Dekorative Kränzchen machen jedes Weinglas zum ganz persönlichen Trinkgefäß. Hobbygärtner bedienen sich einfach im eigenen Kräutergarten und wickeln ein paar frisch geerntete Stiele auf dünnen Draht. Perlen in verschiedenen Farben sorgen dafür, dass jeder Gast sein Glas wieder findet.

Es grünt so grün

Ton in Ton schmeichelt der selbst gemachte Ring aus zweierlei Blättern der Serviette. Ein breiter Grashalm hält alles zusammen und wird auf der Unterseite einfach verknotet. Für eine Tafel im Landhausstil ist die Natur eben oft die beste Designerin.

Als Unschuld vom Lande kommt die liebliche Margerite daher. Einerseits bescheiden und zurückhaltend, anderseits auch ganz schön keck, reckt sie ihre Blüten auf grünen Wiesen der Sonne entgegen. Junge Mädchen treiben mit der Blume ihr Spiel – „Er liebt mich, er liebt mich nicht" – und helfen beim ersehnten Ausgang nur allzu gerne ein kleines bisschen nach. Mit ihrem Charme verleiht die Margerite jeder Dekoration eine besonders natürliche Note.

Sommerlicher Blütenteppich

Fröhlich schwingen Margeriten mit ihren weiß-gelben Blütenköpfen über der Tafel. Ihr Begleiter, der Japanische Flügelknöterich, sorgt dafür, dass sie dabei nicht den Halt verlieren. In kleine Stücke geschnitten wird ein schmales Gefäß damit dicht an dicht ausgesteckt und mit Wasser gefüllt, bevor die einzelnen Blütenstängel in die Röhrchen gestellt werden.

Wer an diesen Gedeck Platz nimmt, verrät eine schlichte Tischkarte vom Wiesenrand. Der Name des Gastes wird in Schönschrift auf Papier geschrieben und mit Golddraht an einem Stück Halm befestigt. Dafür eignet sich besonders der kräftige Japanische Flügelknöterich, der eingeritzt und einfach an die Serviette oder den Tellerrand geklemmt wird.

Peter

Ein wahres Schmuckstück für den Tisch ist dieser natürliche Serviettenring. Wie Perlen bei einem Armband werden die Fruchtstände von Judaspfennig auf Draht gefädelt. Eine einzelne Margeritenblüte macht den Ring zum absoluten Hingucker auf der Tafel im Landhausstil. Damit sie möglichst lange frisch bleibt, sollte sie allerdings erst in letzter Minute angebracht werden.

Der Mai ist gekommen und bittet die Gästeschar zu Tisch. Über der gedeckten Tafel flattern lange Bänder an Kränzen im Wind und erinnern an die Tradition der Maibäume. Statt an einem dicken Stamm, sind die kleinen Blütenringe aus Schleierkraut und Wolfsmilch an dünnen Holzstäben befestigt, die in granulatgefüllten hohen Vasen stecken. Wie wär's mit einer leckeren Maibowle dazu?

Willkommen im Grünen!

Spritzig wie kleine Fontänen ragt die Rispenhirse aus den knallgrünen Äpfeln. Die Gläser sind mit Frauenmantelblüten gefüllt und die Äpfel einfach darauf gelegt. Ob Früchte, Blüten oder Kerzen – das Motto dieses Tisches ist nicht zu übersehen: Hauptsache grün!

Solo für Margerite. Eine einzelne Blüte ist der strahlende Mittelpunkt dieser Dekoration. Frauenmantel bildet die Bühne für die Hauptdarstellerin und wird dicht an dicht in die Schale gefüllt. Am schönsten wirkt dazu dickwandige Keramik, die den ländlich-rustikalen Charakter der Tafel unterstreicht.

Knackig grün und voller Vitamine! Äpfel haben es nicht nur in sich, sondern sind noch dazu auch äußerst dekorativ. Für eine Tischdekoration im Frühling eignen sich maigrüne Früchte am besten. Wer es unkompliziert mag, verteilt einfach einige Exemplare locker über die Tafel. Und sollten die Tischkarten noch fehlen, können an den Stielen kleine Papier-Namensschildchen in Blattform befestigt werden. Originell und schnell gemacht!

So rückt der Sommer gleich noch ein bisschen näher. Wie auf einem kleinen See schwimmen apfelgrüne Kerzen auf Frauenmantelblüten in wassergefüllten Windlichtgläsern. Zwischen den Gläsern sind grüne Filznuggets lose über den Tisch gestreut.

Der Duft des Südens

Wie wär's mit einem Ausflug in die sanften Hügel der Toskana? Beim Anblick dieser Tischkarten können die Gäste auf jeden Fall schon mal von der mediterranen Lebensart träumen. Die wohlriechenden Rosmarinstängel werden mit einem Namensfähnchen aus Pergamentpapier versehen und in die Limetten gesteckt.

Pedro
Paula

Wenn mit ländlichem Charme aufgedeckt wird, passt eine natürliche Dekoration am besten. Warum sollten dann nicht auch die Gefäße direkt aus der Natur stammen? Die hohlen Halme des Japanischen Flügelknöterichs eignen sich perfekt als dekorative Vasenröhrchen und finden in einem mit Sand gefüllten Tontopf Halt.

Wunder der Natur. Von der sich sanft im Wind wiegenden Blüte zum kräftigen Fruchtstand mit hunderten von Samen: Für seine eindrucksvolle Verwandlung nimmt sich der Mohn einen lieben Sommer lang Zeit. Die Kapseln sind besonders dekorativ, solange sie noch frisch und grün sind. Ob als Hauptdarsteller in einem modernen Gesteck oder zusammen mit sommerlichen Blüten im Strauß, in jedem Fall ein besonderer Blickfang.

Sommerlicher Blütenflor entfaltet seine Schönheit in dieser prächtigen Blumengirlande. Besonders für lange Tafeln bei festlichen Anlässen ist solch ein Schmuck eine ideale Tischdekoration. Duftige Wicken und Margeriten wirken wie gerade im Garten gepflückt und werden zwischen Clematisranken durch eingeklemmte Wasserröhrchen mit dem lebensnotwendigen Nass versorgt.

Natürliche Verwicklung

Eben noch Handwerkszeug des Weinbauern, hat sich das Rebenbindegarn jetzt tischfein gemacht. Die Papierummantelung macht den Draht zu einem flexibel und vielseitig einsetzbaren Material. Hier wurde es großzügig in vielen Umwicklungen einfach um Leinentuch gelegt und so zum rustikalen Serviettenring. Schnell gemacht und besonders passend, wenn draußen getafelt wird.

Blütennostalgie. Statt feinen Konfekts oder verführerischer Pralinen wird auf der Porzellanschale mit Fuß ein liebliches Blütenpotpourri präsentiert. Die Halbkugel aus Frischblumensteckschaum ist Kopf an Kopf mit Frühlingsblumen besteckt. Je kleiner die Blüten, desto romantischer die Anmutung. Dazu ein weißes Service – ein Traum für jede Kaffeetafel.

Für Ehrengäste. So werden aus klassisch grün lackierten Biergartenstühlen echte Schmuckstücke, auf denen nur ganz besondere Personen wie Geburtstagskinder, Jubilare oder Brautpaare Platz nehmen dürfen. Die Girlande ist aus Clematisranken und pastellfarbenen Wicken gebunden und mit langen, flatternden Bänder an der Stuhllehne befestigt.

Kerzenschein mit Durchblick

Das transparente Glas gewährt Einblicke auf die zwischen grünem Wiesengras hervorblitzende pinkfarbene Stumpenkerze. Zwei ineinander gestellte Gläser ermöglichen die Wasserversorgung und schützen gleichzeitig die Kerzenflamme vor Zug oder eventuell aufkommendem Wind. Da kann bei stimmungsvoller Beleuchtung bis tief in die Nacht gefeiert werden.

IMPRESSUM

Herausgeber BLOOM's GmbH, Ratingen

Floristische Leitung Klaus Wagener

Floristik/Styling Team 'profil floral'

Text Karen Meier-Ebert

Redaktion Susanne Mansfeld

Grafik Design Marion Hennig, Carolin Troesser

Satz Mandy Schubert

DTP Britta Baschen

Fotos Patrick Pantze-Werbefotografie, Lage

Druck Print Partner GmbH, Bocholt

Wollgrasweg 41
70599 Stuttgart (Hohenheim)
E-Mail: info@ulmer.de
www.ulmer.de

1. Auflage 2008
ISBN 978-3-8001-5651-1